SCOLEGIGRAPHIE,

OU

MÉTHODE PROMPTE,

PERFECTIONNÉE ET ÉCONOMIQUE,

POUR

L'ENSEIGNEMENT SIMULTANÉ

DE LA LECTURE ET DE L'ÉCRITURE.

SCOLEGIGRAPHIE,

OU

MÉTHODE PROMPTE,

PERFECTIONNÉE ET ÉCONOMIQUE,

POUR

L'ENSEIGNEMENT SIMULTANÉ

DE LA LECTURE ET DE L'ÉCRITURE,

Applicable a l'Étude préliminaire de l'Arithmétique, de la Grammaire, de la Géographie, du Dessin, de l'Histoire sacrée, etc.

Par P. TOUBOULIC, de Brest.

La Mémoire acquiert mieux les connaissances qui ont pour base le tracé que celles inculquées par des Instructions simplement orales.

(Page 2.)

A BREST,

DE L'IMPRIMERIE DE MICHEL, IMPRIMEUR DU ROI.

Aout. — 1817.

SCOLÉGIGRAPHIE,

OU

MÉTHODE PROMPTE,

PERFECTIONNÉE ET ÉCONOMIQUE,

POUR

L'ENSEIGNEMENT SIMULTANÉ

DE LA LECTURE ET DE L'ÉCRITURE.

LES Méthodes d'Instruction pour la *Lecture* et l'*Écriture* varient à l'infini. Un objet plus important ne peut fixer l'attention du Public. L'art qui tend le plus à éclairer la Société, en propageant les Principes des Sciences, les vérités de la Morale et de la Religion, doit être, sans contredit, celui sur lequel il est nécessaire de répandre le plus d'intérêt, d'appeler le plus grand perfectionnement.

C'est particulièrement pour les Villes et Bourgs où les Professeurs instruits manquent, où l'Instruction est délaissée; pour ces Institutions où des Dames respectables se consacrent à l'Education des Demoiselles, pour lesquelles on rencontre peu de Professeurs convenables ; c'est pour seconder les vues des Pères de famille, qui tiennent à donner eux-mêmes à leurs Enfans les premiers Principes de la Religion et des Sciences ; et sur-tout pour faciliter l'Instruction des Militaires, pour leur faire atteindre ce point important où s'arrêtent le zèle et le courage, pour leur donner les moyens d'acquérir les connaissances qui conduisent à l'avancement que j'ai rédigé cette *Scolegigraphie, ou Méthode nouvelle d'Enseignement simultané pour la Lecture et l'Ecriture.*

Je fais marcher à la fois ces deux objets importans : l'un soutient l'autre et l'éclaire. Pour-quoi, en effet, les écarter, puisqu'il est dé-montré *que la mémoire acquiert mieux les connaissances qui ont pour base le tracé que celles offertes par des Instructions sim-plement orales ?*

Ma Méthode peut s'appliquer pour l'Ensei-gnement général et particulier : un seul Pro-fesseur peut aussi bien instruire soixante, cent, deux cents Elèves que le ferait un Père de famille qui, avec elle, voudrait commencer l'Education de ses Enfans.

L'Instruction est plus *prompte*, plus *perfectionnée*, plus *économique* (1).

---

(1) Il y a quelques mois que, dans le désir de rendre service à un Ami, je me chargeai d'instruire ses Enfans. Mes pensées, fixées vers ce but, me conduisirent au premier jet de la Méthode que je présente aujourd'hui. L'expérience confirma mes propositions, et ce que je considérais comme un Problème est devenu un Principe.

Je fis part de mes idées à une Personne qui m'informa que, dans le même tems, on formait, au Port de Brest, un Établissement pour l'application d'une Méthode d'Enseignement, nommée de son Auteur, LANCASTRE; elle me communiqua même les *Bulletins* de la Société formée à Paris pour l'amélioration de l'Enseignement élémentaire.

J'admirai l'intention philantropique des illustres Membres qui la composent; mais cet hommage ne changea rien à mes résolutions. Les Principes des deux Méthodes tranchent trop, les moyens sont trop différens pour que l'on m'accuse d'avoir imité; et je suis trop pénétré de l'efficacité des miens pour que je les sacrifie à une Institution qui n'est même pas nationale.

Ma Méthode peut s'appliquer avec plus d'économie que celle à la LANCASTRE, et avec plus de célérité peut-être : la même quantité d'Élèves peut profiter des leçons; mais je suis loin d'approuver ces réunions considérables qui détruisent l'Institution estimable du Professorat et font refluer sur un seul Etablissement les bienfaits que se partageaient vingt ou trente familles.

Elle est plus *prompte*, parce qu'en s'écartant des routes ordinaires on ne s'arrête point à de longues et ennuyeuses imitations : on fait parcourir à l'Élève, en l'amusant, les difficultés progressives du double objet de son enseignement.

Elle est plus *perfectionnée*, parce que des *Exemples imitées* des premiers Maîtres sont le *Type invariable* sur lequel se forme la main de l'Élève ; parce que, dans la tenue des Classes, dans le choix des Modeles, dans la réunion des Préceptes, on s'attache à rassembler les Elémens d'une Instruction essentiellement Chrétienne ; parce que l'on ne surcharge point la mémoire de l'Élève d'objets étrangers à cette

---

Établissez une uniformité de Principes, une succession choisie de Préceptes ; tendez à accélérer l'Instruction, à en diminuer les frais ; surveillez la marche des Études, le maintien de la Morale, mais ne tombez pas dans un excès funeste, ne détruisez pas les moyens honorables d'existence pour vingt mille familles.

Une quotité mensuelle de 1 fr. 50 c., de 2 fr. même, n'est point une charge pour une famille ; elle peut être avantageuse pour un Professeur, qui n'en conserve pas moins dans son Établissement des places pour des enfans d'ouvriers hors d'état de payer.

Instruction, et que l'on combine, au contraire, l'action des facultés mécaniques et mentales pour obtenir un double fruit, *l'Imitation exacte des Modèles, et l'Impression profonde, dans la mémoire, des Principes de Morale et de Religion, de Sciences et d'Arts.*

Elle est plus *économique*, en ce que le même *Professeur* peut instruire, en moins de tems, un plus grand nombre d'Elèves, et que la *quotité mensuelle* doit diminuer en raison des rapports croissans, et parce qu'enfin on n'emploie point de papier dont la consommation est considérable et onéreuse.

Des Principes uniformes, des Modèles d'une rigoureuse et élégante exécution procurent aux Elèves une égale et fructueuse Instruction.

Salle d'Etude.

La Salle d'Etude sera disposée de telle sorte que le Professeur pourra, de sa place, distinguer chaque Elève; au-dessus de sa tête, en face des Tables, sera un Christ dont l'image sacrée devra appeler, à chaque instant, le respect sur une Institution destinée à former des Citoyens éclairés et religieux.

La partie supérieure des lambris sera décorée d'Inscriptions où seront tracés les devoirs du Chrétien.

La partie moyenne offrira des Tableaux vernis où seront dessinés, au trait, *les principaux Faits de l'Histoire sacrée, dans leur ordre chronologique.*

C'est sur ces Tableaux que les Elèves devront s'habituer au tracé, dans le tems et de la manière qui seront prescrits.

Chaque *Table* sera destinée à un degré particulier d'avancement; les Elèves s'y placeront dans leur ordre d'instruction.

Du *Professeur.*

Le *Professeur* se placera à l'une des extrémités de la Salle ; il veillera à la bonne tenue des classes.

Il y aura, à chaque *Table*, un *Répétiteur* pris entre les Elèves qui la composeront; il nommera chaque caractère de la *leçon* dans un intervalle de tems suffisant pour que les autres Elèves puissent le tracer correctement.

Il prononcera intelligiblement, de manière à forcer l'attention.

Il sera successivement remplacé par celui des Elèves désigné par le *Professeur.*

L'Elève Répétiteur ne quittera point sa place, et continuera son tracé.

Le *Professeur* fixera les récompenses et punitions.

De l'Elève.

Le premier Exercice de l'Elève doit être celui de la Tenue du corps et de la main. Il importe que tous ses mouvemens soient faciles; il faut éviter toute gêne, toute roideur : le succès de l'Instruction dépend des premières positions qu'il adopte.

L'Elève recevra, pour chaque leçon, une Feuille sur laquelle sera l'Exemple du jour.

Cette *Exemple* est recouverte par un vernis. L'Elève retracera, avec une plume et de l'encre *blanche* appropriée, les caractères qui la composent (1).

Lorsque l'Encre sera sèche, il lavera la Feuille avec une éponge imbibée d'eau ; il pourra ensuite recommencer le Tracé (2).

Les *Exemples* sont composées suivant le degré d'Instruction.

---

(1) L'Encre se compose de blanc de Céruse délayé dans de l'eau ordinaire, à une consistance convenable. On la met dans un vase que l'Élève peut remuer de tems en tems pour ne pas la laisser se reposer.

La Plume est de la taille ordinaire, suivant le genre d'Écriture que l'on adopte.

Il faut la mettre à tremper dans l'Encre 4 ou 5 minutes avant d'écrire, pour rapprocher les côtés du bec qui se divisent en séchant.

(2) La conservation des Feuilles vernies dépend de la manière de les laver après que l'on a écrit : on doit le faire avec une eau claire et éviter le frottement.

Les premières offrent :

Lettres Majuscules.

A   B   C   D   E

Caractères Romains.

a   b   c   d   e

Cursive ou Bâtarde expédiée (1).

a   b   c   d   e

On place ces Caractères les uns au-dessous des autres, pour mieux faire apercevoir à l'Elève leur Correspondance, leur Synonymie (2).

L'Elève suivra, avec la plume remplie d'*Encre délébile*, les contours des Caractères placés

---

(1) Quoiqu'il y ait de l'avantage à commencer l'étude de l'Écriture par la Cursive ou Bâtarde expédiée, il y a des personnes qui préfèrent la Bâtarde et la Coulée françaises; pour satisfaire ces diverses idées, j'ai fait graver des Exemples de l'un et l'autre genres.

Pour les adapter aux Exemples imprimées 1 a, 2 b, etc. on coupera la Cursive parallèlement aux lignes, et l'on remplira le même espace par l'Ecriture choisie pour l'instruction. On profitera ainsi des Majuscules et Caractères Romains destinés à la Lecture.

(2) Voir pour les autres exemples les planches 1 a, 1 b 2 a, 2 b, 3 a, 3 b, etc., que l'on vend séparément.

sur la 3ᵉ. ligne, à mesure que le *Répétiteur* les nommera.

Après qu'il se sera formé la main par la répétition de ces différentes Exemples, on lui donnera un carton *noir vernissé*, sur lequel il les retracera sans guide. Ici on verra le fruit de son application.

Dans l'*Exemple N°.* o, l'Elève apprendra où il doit chercher la naissance des *lettres*. Cet exercice se donnera pendant trois ou quatre jours ; à celui-ci succédera l'*Exemple* 1 a, pour laquelle le *Répétiteur* nommera chaque lettre, dans un espace de tems convenable, pour que l'Elève la trace et se pénètre bien des rapports qu'il y a entre le caractère qu'il calque et celui qu'il entend prononcer, qui est aussi celui qui est vertical à son étude.

Quand il aura répété sept ou huit fois cet exercice, on lui donnera le carton *noir ;* là, il suivra, d'abord dans l'ordre direct, l'imitation de son Exemple, et ensuite dans une succession interrompue, suivant que le Professeur en sentira l'avantage.

On pourra lui faire tracer en même tems

l'*Exemple* 1 b. Cette étude déliera sa main, lui donnera l'habitude des contours, la règle des pentes, et surtout le flattera et l'amusera (1).

L'*Exemple* 2 a sert à l'*épellation* et à l'étude d'un caractère moyen.

On fera d'abord l'*épellation* des trois premières lignes. L'Elève s'y exercera à la consonnance formée par l'union des *voyelles A, E, I* aux *consonnes,* et à la proportion, aux rapports qu'il y a entre deux lettres unies ensemble.

Cet exercice préparera à celui des 4e. et 5e. lignes. Ici, de deux syllabes en deux syllabes, on laissera l'Elève placer ses secondes lettres dans des rapports convenables.

Quand l'Elève se sera bien exercé à l'union de deux lettres, on lui fera ajouter, en commençant par la 1re. ligne, une consonne à chaque syllabe. On aura toujours soin de lui faire entendre la consonnance, en même tems qu'il en tracera les caractères représentatifs;

______

(1) Il sera convenable de faire écrire l'Élève sur du papier et avec de l'encre ordinaire, une fois par semaine. En conservant le cahier qui servira à cet exercice, on verra l'avancement successif.

ainsi le *Répétiteur* dira : *b-a-l bal*, *c-a-l cal*, etc.

L'Exemple 3 *a*, 3 *b*, fera étendre cette étude aux syllabes qui commencent par deux consonnes, telles que *bl*, *cl*, *br*, *cr*, etc : ainsi le *Répétiteur* dira : *b-l-a bla*, *c-l-e cle*, etc. Il augmentera progressivement la difficulté et avancera l'Instruction, en ajoutant encore une consonne à ces syllabes : ainsi il pourra dire *b-l-a-n blan*, *b-r-u-n brun*, *etc.*, et successivement *b-l-a-n-c blanc*, *c-r-i-n crin*, *f-r-e-i-n frein*, etc.

La même Exemple réunit plusieurs mots composés, d'abord, de syllabes d'une épellation et d'une liaison faciles, et, ensuite, de mots plus compliqués.

L'étude de ces deux feuilles est extrêmement intéressante pour l'Instruction et pour l'Elève : elles l'occupent, le distraient, et le forcent à appliquer toutes les ressources qu'il a acquises. Ces diverses Exemples le conduisent à la feuille 4ᵉ. *a*, *b*, où se trouvent expliquées *la Numéra-tion*, et, par suite, *les opérations fondamentales de l'Arithmétique.*

Ici, en s'exerçant encore à la Lecture et

à l'Écriture, il acquiert une connaissance utile dont on lui rend l'étude attrayante par l'application d'Exemples choisis.

L'Elève, rendu à ce point d'Instruction, commencera le *tracé* sur des *tableaux d'Histoire* et de *Géographie*. Cet exercice, destiné à le distraire d'une attention indispensable pour les premières leçons, ne sera pas celui dont l'avantage sera le moins grand.

Ces tableaux, esquissés dans d'exactes proportions et dans des dimensions convenables, sont vernis, et représentent les faits principaux de l'*Histoire sacrée*, de l'*Histoire de France*, de la *Géographie générale et particulière*. On a eu soin d'y réunir le plus d'élémens d'Instruction, soit pour l'*Histoire naturelle*, dans la forme des *animaux*, des *végétaux*, soit pour l'*Architecture*, la *Mécanique*, dans la forme des *bâtimens* et des *machines*.

On fera suivre toutes ces formes aux Elèves, dans un ordre déterminé (pour que chacun fasse le même tracé en même tems), avec un crayon approprié, et l'on aura soin de leur démontrer non - seulement le trait *principal* qu'offre le *tableau*, mais encore les accessoires qui s'y rencontrent, tels que plantes, animaux, configurations, etc.

Dans le *premier tableau* de l'*Histoire sacrée*, offrant le spectacle de la *Création*, on a représenté, sur le premier plan, l'*Homme* dans les proportions les plus régulières.

Le *Professeur* s'appesantira sur ces rapports si essentiels pour l'Elève qui voudrait, par la suite, faire une académie sans modèle. C'est ainsi qu'instruit que la mesure de l'homme, des pieds au sommet de la tête, est fixée à huit *têtes* de hauteur, *la tête* à quatre longueurs de nez, etc., il se tiendra dans ces limites que les plus grands maîtres ont déterminées.

Dans ce même tableau s'offrent les principaux animaux, plantes, etc. ; l'Elève, en les calquant, entendra le *Professeur* donner leur description, l'Histoire de leurs habitudes, de leur utilité.

L'Instruction marchera rapidement, parce qu'au plaisir de l'imitation se joindra le charme d'une définition choisie.

Il en sera de même pour les tableaux de

Géographie : on fera tracer à l'Elève, d'abord, *le plan d'une maison de campagne ;* il y apprendra la manière de figurer un bâtiment, un ruisseau, un parc, un jardin, etc. ; ensuite le tracé géométrique d'un canton, d'une sous-préfecture, d'un département, d'une province, etc.

Ces études, graduellement offertes, lui feront acquérir, d'une manière ineffaçable, des connaissances précieuses, jusqu'ici trop négligées (1).

____

(1) Le Professeur n'a point à corriger son Elève : l'Exemple seule le guide et le rappelle dans les formes et directions convenables. C'est ce qui fait que tout individu peut enseigner suivant cette méthode, sans que l'Instruction de l'Elève en soit altérée : il ne s'agit, pour l'appliquer, que de faire succéder les exemples dans l'ordre qui est déterminé, de bien prononcer et faire prononcer à l'Elève les lettres, syllabes et mots ; de bien observer si le tracé est correct, et de ne le mettre au tracé d'imitation sur la feuille noire que lorsqu'il met un peu d'ordre dans sa première étude ; enfin de se conformer exactement à l'Instruction qui précède.

Cette Méthode est surtout avantageuse pour l'Instruction des personnes qui, arrivées à un certain âge, répugnent à suivre des classes, et qui veulent, avec économie, acquérir les deux enseignemens ;

Pour celles qui veulent elles-mêmes rectifier et perfectionner leur écriture ;

L'Instruction qui doit guider les *Professeurs* dans cette partie de l'Enseignement sera l'objet d'un Mémoire particulier.

L'Ecriture est un dessin ; un dessin, la répétition exacte d'une image : habituez la main à saisir avec justesse les formes de différentes lignes, dans des rapports donnés, et vous aurez un dessin parfait.

En suivant un guide sûr, *la main, l'œil, la mémoire* acquièrent *l'habitude, la rectitude* et *le jugement du bien :* ces trois moyens concourent à faire obtenir une imitation exacte des caractères, lorsqu'on veut les retracer sans guide.

On conçoit facilement qu'un Élève s'attachera d'autant plus à une étude qu'elle lui procurera une diversion amusante : sous un *dessin* qui l'habituera aux proportions des parties, aux

---

Pour les plus jeunes enfans qui peuvent, par elle, recevoir, en jouant, des principes que peu d'efforts développeront par la suite.

La Collection des Exemples forme, avec cette Instruction, le cours d'Enseignement ; il suffit de les employer et de veiller à leur conservation, suivant les procédés indiqués.

rapports des formes, sous des règles dont il copiera le mécanisme, il trouvera un texte qui, en l'éclairant sur ces rapports, et, en l'initiant aux principes sur lesquels ces règles se basent, l'exercera encore à la *Lecture* et à l'*Écriture*.

C'est ainsi que, profitant du grand avantage du *tracé*, on inculquera profondément dans la mémoire de l'Élève les *Élémens de l'Arithmétique, de la Grammaire, de l'Histoire sacrée, de l'Histoire de France, de la Géographie,* etc. Il ne peut y avoir de doute que le double concours de l'*imitation* et de la *démonstration* ne rende ineffaçable l'impression que son esprit en recevra.

En suivant les mêmes règles, en s'étayant des principes les plus simples, les plus concis, il préludera dans les Sciences les plus utiles; se formera le jugement, exercera et enrichira sa mémoire, et se préparera à l'étude approfondie, qui devra compléter un jour son Instruction.

TABLEAU SYNOPTIQUE

Des Syllabes qui entrent dans la composition des mots.

Ab	aib	aub	eb	eib	eub	ib	iab	ieb	iob	iub	ob	oib	oub	ub	uab	ueb	uib
Ac	aic	auc	ec	eic	euc	ic	iac	iec	ioc	iuc	oc	oic	ouc	uc	uac	uec	uic
Ad	aid	aud	ed	eid	eud	id	iad	ied	iod	iud	od	oid	oud	ud	uad	ued	uid
Af	aif	auf	ef	eif	euf	if	iaf	ief	iof	iuf	of	oif	ouf	uf	uaf	uef	uif
Ag	aig	aug	eg	eig	eug	ig	iag	ieg	iog	iug	og	oig	oug	ug	uag	ueg	uig
Ah	aih	auh	eh	eih	euh	ih	iah	ieh	ioh	iuh	oh	oih	ouh	uh	uah	ueh	uih
Ai	ai	aiu	ei	ei	eui	i	ia	ie	io	iu	oi	oi	ou	u	ua	ue	ui
Aj	ai	ain	ej	eij	euj	ij	iaj	iej	ioj	iuj	oj	oij	ouj	uj	uaj	uej	uij
Ak	aik	aak	ek	eik	euk	ik	iak	iek	iok	iuk	ok	oik	ouk	uk	uak	uek	uik
Al	ail	aul	el	eil	eul	il	ial	iel	iol	iul	ol	oil	oul	ul	ual	uel	uil
Am	aim	aum	em	eim	eum	im	iam	iem	iom	ium	om	oim	oum	um	uam	uem	uim
An	ain	aun	en	ein	eun	in	ian	ien	ion	iun	on	oin	oun	un	uan	uen	uin
Ao	aoi		eo	eio	euo	io	iao	ieo	io	iuo	oo	oio	ouo	uo	uao	ueo	uio
Ap	aip	aup	ep	eip	eup	ip	iap	iep	iop	iup	op	oip	oup	up	uap	uep	uip
Aq	aiq	auq	eq	eiq	euq	iq	iaq	ieq	ioq	iuq	oq	oiq	ouq	uq	uaq	ueq	uiq
Ar	air	aur	er	eir	eur	ir	iar	ier	ior	iur	or	oir	our	ur	uar	uer	uir
As	ais	aus	es	eis	eus	is	ias	ies	ios	ius	os	ois	ous	us	uas	ues	uis
At	ait	aut	et	eit	eut	it	iat	iet	iot	iut	ot	oit	out	ut	uat	uet	uit
Au	aiu	au	eu	eiu	eu	iu	iau	ieu	iou	iuu	ou	oiu	ou	uu	ua	ueu	uiu
Av	aiv	auv	ev	eiv	euv	iv	iav	iev	iov	iuv	ov	oiv	ouv	uv	uav	uev	uiv
Ax	aix	aux	ex	eix	eux	ix	iax	iex	iox	iux	ox	oix	oux	ux	uax	uex	uix
Ay	aiy	auy	ey	eiy	euy	iy	iay	iey	ioy	iuy	oy	oiy	ouy	uy	uay	uey	uiy.

Pour l'exercice de l'*Epellation*, le *Professeur* fera répéter et tracer chacune de ces syllabes, et les fera précéder alternativement par les lettres *b*, *c*, *d*, *f*, *g*, *h*, *j*, *k*, *l*, *m*, etc., et les doubles consonnes *bl*, *br*, *cl*, *cr*, *chl*, *chr*, *dl*, *dr*, etc. Il aura soin de faire distinguer la valeur des accens *grave*, *aigu* et *circonflexe*. Cette étude devra servir à l'application des Exemples 2 a et b, et 3 a et b.

NOTICE

SUR QUELQUES INVENTIONS

de M. Touboulic,

Ingénieur – Mécanicien, de BREST.

Ictioandre, ou Machine à plonger.

Avec cette Machine on peut rester sous l'eau 40 à 50 minutes consécutives, exécuter toute opération de Marine ; amarrer des cordages sur des pièces naufragées ; fixer des tire-fonds ; rechercher des plantes marines, des coraux, des perles, etc. ; faire des réparations aux vaisseaux, aux digues ; excaver sous l'eau à des profondeurs de 20 à 30 pieds. . . . .

Photophore marin.

Ce Photophore, alimenté d'air de la même manière que l'Ictioandre, éclaire à de très-grandes profondeurs, et permet ainsi de distinguer le gisement des objets que l'on recherche. Il peut recevoir un grand nombre d'applications. . . . .

	PRIX		
	des Machines.	des Plans et Instructions.	des Modèles
Ictioandre	fr. 1,500	fr. 60	fr. 150
Photophore marin	150	15	20

Le Prothée , Machine rurale.

Cette Machine, mise en action par un seul individu, *sèche le grain*, *le vanne*, *le bat*; *blute la farine*; *dessèche le linge*; *bat le beurre ou le fromage*; *sert de pompe d'arrosement et d'incendie.*

Une Instruction donne le moyen de s'en servir avec facilité. . . . .

Machine à filer le lin et chanvre.

Cette Machine donne la facilité à l'ouvrier de travailler dans son appartement, de se passer d'un tourneur de roue; elle produit un fil plus égal, plus compacte et plus long que celui obtenu par les fileurs ordinaires; il y a en outre double célérité dans la main-d'œuvre. . . . .

Machine pour commettre le petit et le moyen cordage.

Elle offre l'avantage de se passer de grande Corderie. Un appartement de 40 pieds de long suffit pour les opérations qu'elle exécute; le cordage est plus égal et peut se commettre à quelque longueur que ce soit. . . .

PRIX		
des Machines	des Plans et Instructions,	des Modèles
fr. 300	fr. 40	fr. 75
120	20	30
600	40	60

	PRIX		
	des Machines.	des Plans et Instructions.	des Modèles.

Pompe à incendie, portative.

Cette Pompe, par la facilité avec laquelle on la met en jeu, donne le moyen d'arrêter un incendie à sa naissance. Deux hommes peuvent la porter et l'introduire dans le lieu même où le feu étend ses ravages.

Dans une Instruction détaillée on trouve l'indication de nouveaux secours contre toute espèce d'incendie. Les moyens proposés sont décisifs et peu dispendieux ; réunis à la *Pompe portative*, ils peuvent faire obtenir les résultats les plus complets. . — fr. 120 — fr. 12 — fr. 24

Machine pour écrire aussi vite que l'on parle.

On peut, à l'aide de cet Instrument qui est très-portatif, suivre un orateur et transcrire son discours. Une demi-heure d'exercice suffit pour l'appliquer. . . . . — 80 — 18

Odomètre ou Compte-pas.

Cet Instrument, d'une construction simple,

donne, avec une précision rigoureuse, la mesure de l'espace qu'on a parcouru. Il compte jusqu'à 20,000 pas; il peut s'appliquer à une roue dont on veut connaître les révolutions, etc. On y joint une petite boussole qui sert à déterminer les directions sur lesquelles on opère. . . . .

Roue d'Arpentage.

Cette Machine peut servir de pied de Graphomètre et de roue d'arpentage. Elle fait connaître le nombre de tours qu'un cercle de 3 mètres de circonférence a fait pour aller d'un point à un autre. . . .

Machine à roues, pour connaître les sondes et le sillage.

Cette Machine détermine d'une manière précise la hauteur d'un colonne d'eau, la mesure de la vitesse d'un courant, soit à fleur d'eau soit dans des couches inférieures, et la course d'un vaisseau; elle fait connaître le chemin que l'on a parcouru dans une même direction pendant un tems déterminé.

| | PRIX | |
des Machines.	des Plans et Instructions.	des Modèles
fr. 15	fr. 6	
40	10	
40	10	

	PRIX		
	des Machines.	des Plans et Instructions.	des Modèles
Machine à compression pour les mêmes opérations.	fr. 36	fr. 8	

Scolegigraphie ou Méthode prompte, perfectionnée et économique, pour l'Enseignement simultané de la Lecture, de l'Ecriture, du Dessin, etc.

Cette Méthode, qui permet d'instruire 100, 200 Élèves à la fois, reçoit de même une application particulière, et peut être enseignée dans l'intérieur d'une famille par une personne étrangère au Professorat ; elle dispense de l'emploi presque total du papier, s'applique à tous les âges et aux deux sexes ; et, exerçant à la fois l'œil, la mémoire et la main, avance et perfectionne l'Instruction d'une manière remarquable.

Le prix des six Exemples vernies qui conduisent à la numération, du carton noir et de l'Instruction est de. **2**

Les personnes qui désireront professer d'après cette méthode devront s'adresser à l'Auteur qui leur délivrera une Cession conditionnelle.

	PRIX		
	des Machines.	des Plans et Instructions.	des Modèles
Machine pour confectionner, en cordage, des Manches à eau et à incendie.			
Ces Manches, sans nœuds ni coutures, sont souples et fortes, et susceptibles d'applications utiles.	fr. 120	fr. 18	

Les Demandes des Machines, Plans ou Modèles, seront adressées franc de port,

A l'Auteur, rue Saint-Yves, N°. 53, à Brest;

A Égasse, Libraire, rue de la Rampe, N°. 35.